C'est quoi, ce bruit ?

Titre de l'ouvrage original :
WHAT'S THAT NOISE ?
Editeur original :
Hodder Children's Books, London

ISBN : 2-08160447-7
Imprimé à Hong Kong
Dépôt légal : Septembre 1997 - N° d'éditeur : 0447
Loi n° 49-956 du 16 juillet 1949 sur les publications destinées à la jeunesse.

C'est quoi, ce bruit ?

Francesca Simon • David Melling

Texte français de Dominique Mathieu

Père Castor
Flammarion

Oscar dort ce soir
dans la maison de ses grands-parents.

C'est la première fois qu'il passe la nuit hors de chez lui,
dans une chambre qu'il ne connaît pas...

et où il fait sombre.

Oscar entend soudain un bruit étrange.

rat-a-pan raat-a-pan

GLOOOP !

— Ce n’est que le radiateur, Oscar !
Allons, couche-toi et fais dodo.

Tout est tranquille.

Mais tout à coup ...

paim pon paaim pon

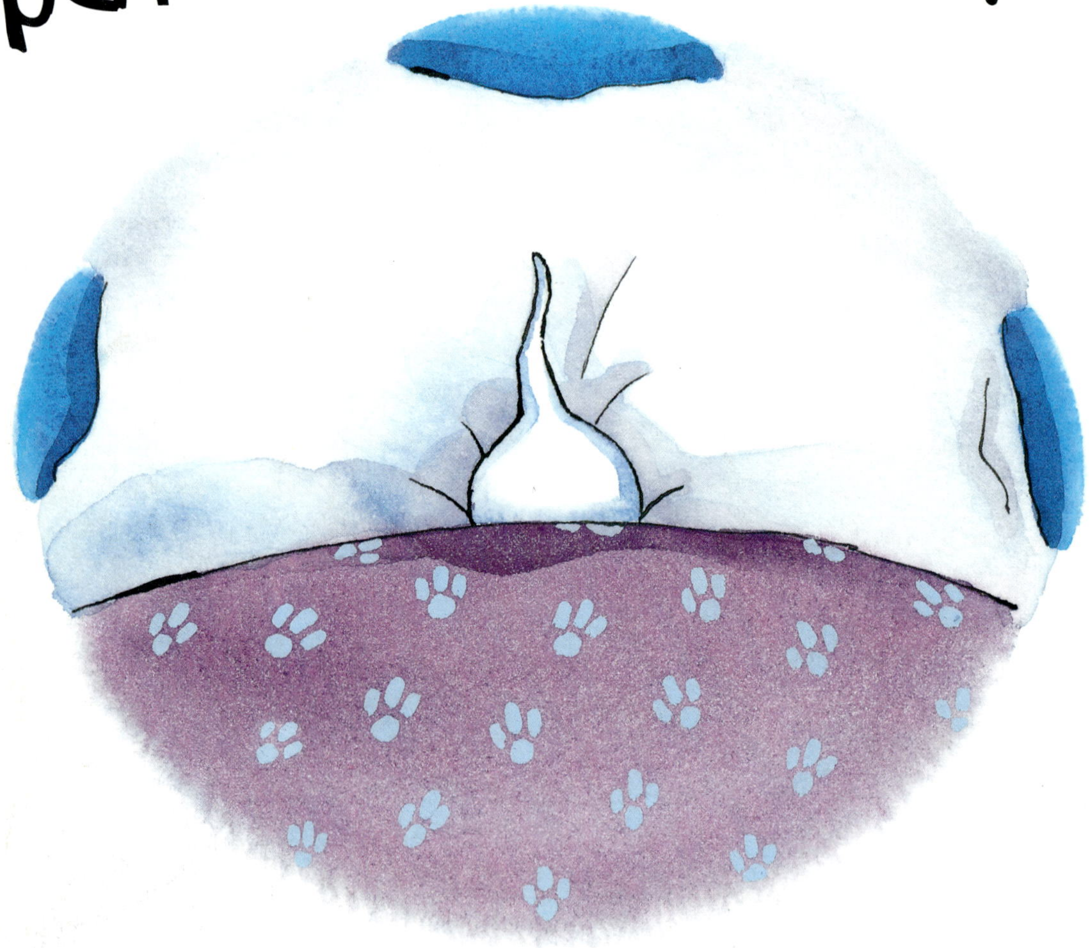

— Grand-père, Grand-père, viens vite !
C'est quoi ce bruit ?

— Oscar, c'est seulement…

les pompiers.

— Grand-père, Grand-père, viens vite.
C'est quoi ce bruit ?

Grand-père monte dans la chambre d'Oscar

Rien par ici.

Rien par là.

Aucun bruit
où que ce soit.

Quand soudain…

rat-a-pan
raat-a-pan
GLO O OP!

— Allons, couche-toi et fais dodo.

Tout est calme à nouveau,

et puis, soudain :

Huiiio ooouH Huiiio ooouH

— Grand-père, Grand-père, viens vite !
C'est quoi ce bruit ?

— Mais voyons, Oscar, ce n'est...

qu’un avion.

— Allez, il faut te coucher et faire dodo.

Oscar va-t-il enfin pouvoir s'endormir ?

Eh bien non...

pan-pan **pan-pan** **pan-pan-pan**

— Grand-père, Grand-père, viens vite !
C'est quoi ce bruit ?

— Oscar, c'est tout simplement…

— Mme Ouaff qui donne
des coups de marteau à coté.

— Allons, couche-toi et fais dodo.

Il semble que le calme soit enfin revenu.
Grand-père est confortablement installé dans son lit.

Mais il entend soudain un bruit étrange.

ronron pouapouah

— Grand-mère, Grand-mère, viens vite !
C’est quoi ce bruit ?

— Je n'en sais rien, dit Grand-mère.

Et voilà que le bruit bizarre recommence.

— On dirait que ça vient
de la chambre d'Oscar,
chuchote-t-elle.

Grand-père et Grand-mère
montent les marches
sur la pointe des pieds.

Le bruit devient
de plus en plus fort...

Grand-mère ouvre la porte
doucement,
doucement.

— C’est seulement Oscar qui ronfle.

— Allons, Grand-père, couche-toi et fais dodo.

— À Joshua et à ses grands-parents :
Sondra et Mayo Simon,
Owen et Hugh Stamp

FC

— À Tanja

DM